찰칵이는 시선

찰칵이는 시선

스페인·포르투갈 그리고 한국 편

글·사진 이시경

차례

프롤로그

친구들을 만나 함께 시간을 보내고 집에 가는 길에 메신저에 올라오는 사진을 보면 신기할 때가 있다. 같은 것을 보아도 저마다 그 순간을 바라보고 담아내는 법이 다르다. 그저 사진 찍는 방식이 다르다고 생각할 수도 있지만 나는 시선이 다르다고 느껴진다. 시선의 무게를 두는 곳이 다르기에 내가 초점을 맞춘 장면이 누군가의 사진 속에서는 뿌연 배경이 되기도 한다. 그런 것을 발견할 때면 흥미롭다.

이 책은 한 사람이 지닌 고유한 시선에서 시작된 이야기이다.

2022년 여름에 떠난 스페인과 포르투갈. 나의 첫 유럽 여행이었고 눈앞에 펼쳐진 것들은 그야말로 황홀했다. 모든 것이 새롭고 낯선 장면을 쉴 새 없이 카메라에 담다가 사진에서 어딘가 익숙함을 느꼈다.

유라시아의 동쪽 끝에서 서쪽 끝까지 16시간을 날아가도 내가 세상을 바라보는 시선은 크게 다를 것이 없었다. 노부부의 뒷모습을 바라보는 시선이 그랬고, 벽에 스민 그림자를 바라보는 시선, 홀로 형형히 빛나는 청춘을 바라보는 시선이 그랬다.

‘스페인, 포르투갈’ 그리고 ‘한국’. 너무나 다른 시간과 장소 속에 쏙 빼닮아 있는 시선은 두 장의 사진으로 나란히 만났다.

그리고 사진 속 장면은 단순히 사진에 그치지 않고 또 다른 곳으로 나를 이끌었다. 오래전 여행의 한 장면으로, 평범한 일상과 아주 개인적인 취향으로, 오랫동안 잊고 지낸 그리운 시절로 데려가기도 했다. 그 작은 여행의 결에 따라 이야기를 아홉 가지 카테고리로 나누었다. 보는 이의 자유로운 여행을 위해 글보다는 사진을 먼저 실었다.

나의 시선 끝에 있는 장면으로 인해 누군가의 마음속에 또 다른 여정이 시작될 수 있다면 기쁠 것이다.

사진 대부분은 수많은 사진이 부대끼어 지내는 나의 사진 앨범에서 데려왔으나 꼭 싣고 싶은 몇 장의 사진은 비슷한 장면을 포착하기 위해 굶주린 사냥꾼을 자처하기도 하였다.

책을 만들며 사용하지 못한 그러나 유독 마음이 가는 사진을 따로 모아 두었다. 아직은 한 번 더 마주치지 못한 장면이지만 다음을 기약해 본다.

언젠가 어느 낯선 나라의 길 위를 걷다가 지금은 한 장뿐인 시선의 초점이 '찰칵'하고 맞아떨어지는 순간이 오기를.

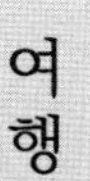

여
행

포르투갈, 포르투

2022/07

한국, 제주

2021/10

여행의 목적

여행의 목적

회사에 다니던 때에 머리 위로 비행기가 지나가면 수화물 칸에라도 몸을 숨겨 어디든 떠나고 싶었다. 스카이 스캐너로 의미 없는 여행 계획을 짜본 일은 셀 수 없다. 그 순간은 그냥 여기만 아니면 된다는 마음이다.

나의 간절함이 통했는지 여러 운이 맞아서 드디어 '여기'를 뜨는 날이 온다. 여행 전날 밤, 뒤늦게 캐리어를 싸며 괜히 떠나기로 했나 싶은 마음이 올라오려 하지만 캐리어 바퀴로 얼른 뭉개버린다. 내가 얼마나 기다려 온 순간인데 시작도 전에 초 치게 둘 수 없다. 나는 이 여행의 매 순간 행복해야 하고 만족스러워야 한다. 너무 오래 갈망해 온 것에 대한 부작용이다. 여행에 목말랐던 순간을 채워주고픈 보상 심리가 찰방찰방한다.

많은 여행을 해 본 건 아니지만 '여기만 아니면 돼.'를 몇 번 실현해 보니 모든 여행에 '거기도 나쁘지 않았네.'라고 생각하는 순간이 있었다. 그 여행이 좋지 않았던 것이 아니다. 여행은 대부분 행복하고 만족스러웠다.

모든 것이 낯설어서 좋은 게 여행이지만 그 때문에 익숙한 일상에 대한 목마름이 문득문득 찾아온다. 그건 아마도 평범하고 지루하기까지 했던 나의 일상에 대한 조그만 애정이 아닌가 싶다. 일상을 아끼는 애정의 불씨가 꺼질락 말락 할 때쯤 후- 하고 불어서 살려 돌아오는 것이 여행인지도 모르겠다.

포르투갈, 리스본

2022/07

한국, 부산

2023/03

조식

조식에 대한 낭만이 처음 생긴 것은 2018년 봄, 교토로 떠났을 때다. 서른 살이 되어 처음으로 홀로 떠난 해외여행이었다. 오롯이 나에게 집중하는 시간이 외롭기만 한 것은 아니구나 알게 된 시간이기도 하다. 맛있는 메뉴가 가득한 식당에서 단품만 시켜야 하는 순간이나, 흐드러진 벚나무 아래 서로 사진을 찍어주는 친구 무리를 볼 때면 조금 적적했지만 혼자 하는 여행이 주는 편안함이 있었다.

동행인이 있었다면 양해를 구했을 일정이지만, 혼자였기에 가벼운 마음으로 이른 조식을 먹기 위해 '이노다 커피'를 찾았다. 오픈 시간쯤 도착했는데도 카페 1층과 2층 모두 부지런한 사람들로 가득 차 있었다. 관광객이 많겠거니 했는데 예상외로 관광객보단 일본 사람들이 많았다. 그들은 저마다의 방식으로 아침을 깨우고 있었다. 노부부는 조용히 마주 앉아 커피를 마셨고 젊은 여성 두 분은 이른 아침인 것도 잊은 채 수다가 한창이었다. 그 가운데 나 홀로 이방인처럼 앉아 조식 세트를 시켰다.

한 접시엔 샐러드와 과일, 햄과 스크램블드에그가 담겨있었고 다른 접시엔 따끈하게 데워진 크루아상이 담겨 나왔다. 유리잔에 담긴 오렌지주스와 머그잔에 담긴 따뜻한 아메리카노까지. 귀여운 각설탕도 빠질 수 없는 완벽한 조식 한 상이었다.

관광객들로 북적거리는 카페가 아닌 그곳에 사는 사람들이 평화롭게 아침을 맞이하는 분위기였기에 더욱 마음에 남는 순간이다. 호텔 식당에서 여러 나라 사람이 뒤섞여 잠이 덜 깬 얼굴로 조식을 먹는 것도 좋지만 나 또한 일상인 듯 착각하게 만드는 로컬 카페에서의 조식은 또 다른 매력이 있다.

이토록 조식에 대해 낭만을 가질 수 있는 데에는 아마 커피와 오렌지주스, 달걀과 햄, 따끈한 빵까지 어느 하나 내가 좋아하지 않는 메뉴가 없기 때문이다. 이 메뉴들은 아무리 낯선 나라를 가더라도 별반 차이가 없기에 단조롭고 익숙한 맛이 주는 편안함도 크다.

가끔은 내가 생각한 맛의 범위를 기분 좋게 벗어날 때도 있는데 그럴 때는 나만의 조식 명예의 전당에 등록된다. 대표적으로 후쿠오카 호텔 조식의 빵과 바르셀로나의 햄이 있다. 평범한 메뉴에 비범한 맛이었다.

포르투갈, 포르투

2022/07

한국, 서울

2022/03

기념품

귀여운 기념품을 찾아내는 것은 여행의 작은 재미 중 하나다. 여행의 마지막 날엔 아무리 멀리 떠나와도 생각나는 사람들에게 줄 소소한 기념품을 찾곤 한다.

기념품 하면 떠오르는 친구가 한 명 있는데 내가 아는 사람 중에 손에 꼽게 여행을 많이 다닌 친구다. 여행을 많이 다니면 여행 선물을 잘하는 법도 터득하게 되는 걸까. 손재주가 좋은 친구는 싱가포르 여행을 갔다가 그곳에서 파는 천을 떼다 패치를 붙여 완성한 특별한 파우치를 선물해 주었다.

싱가포르에서 온 천과 패치만으로도 들뜨는데 친구가 직접 만든 정성이 깃들어 있어 파우치를 쓸 때면 기분이 좋아진다. 사실 싱가포르는 친구에게서 여행기를 듣고 파우치를 받기 전까지는 큰 생각이 없었던 곳인데 언젠가 기회가 되면 한 번 가보고픈 마음까지 들었다.

어떤 기념품은 한 사람의 여행이 끝나고 누군가의 새로운 여행을 열어주는 이어달리기의 바통 같기도 하다.

스페인, 바르셀로나

2022/07

한국, 부산

2023/11

러기지 태그

다정한 지인이 여행 중에 무민을 좋아하는 내 생각이 나서 사 온 러기지 태그. 짧은 여행을 위한 회색 캐리어와 긴 여행을 위한 검정 캐리어에 번갈아 달고 다닌 지도 5년이 지났다. 처음 받았을 때 새하얗고 뽀얗던 무민이 꾀죄죄해져서 시간이 흐를수록 마음에 든다.

나만의 여행 의식이 있는데 여행을 떠나기 전에 무민의 하얀 몸뚱이를 최대한 닦아 꽃단장한다. 뽀얗게 출발했지만 여행에서 돌아올 때쯤이면 꼬질꼬질한 게 나의 상태와 비슷해져 있다. 바라보면 귀엽고 짠한 여행 파트너가 있어서 혼자 떠날 때는 적적함도 달래준다. 무민의 의견은 모르겠지만 저 하얀 배가 새카매질 때까지 잃어버리지 않고 오래도록 함께하고 싶다.

누군가 자신을 생각해 주길 바라는 사람을 위한 선물을 고민하고 있다면 러기지 태그가 꽤 괜찮은 선물이다.

선물 받은 이는 아마 모든 것을 뒤로하고 떠나는 길에도 당신만은 떠올리게 될 테니.

스페인, 바르셀로나

2022/06

한국, 제주

2021/11

창문

나를 오랜 시간 봐온 지인이 나를 정의해 준 문장이 있다. '호기심이 많은데 에너지는 적다.'

여행 파트너 구인 공고를 낸다면 써야 할 문구가 아닌가 싶을 만큼 정확한 표현이다. 호기심이 많아 평소에도 여기저기 기웃거리기를 좋아하는 데 여행을 떠났을 때는 더하다. 2만 보 정도는 걸으며 기웃거려야 여행을 제대로 한 것 같다. 내가 가진 에너지도 이에 동의했다면 좋았겠지만 애석하게도 완급 조절을 못 하고 무리하면 여행 중에 한 번은 숙소에 드러눕는 순간이 온다.

오늘 찾을 관광지와 주변의 식당, 카페까지 다 봐두었는데 숙소 매트리스 성능만 체크하고 있으면 상당히 울적해진다. 보통은 그렇다.

그런데 가끔 매트리스의 성능이 좋았는지, 멈춘 듯이 흘러가는 창밖의 풍경이 좋았는지 몰라도 그 시간이 충만하게 느껴질 때가 있다. 여행이 끝나도 그 느린 시간이 또렷이 기억에 남을 만큼.

어떤 여행은 분명 창문 밖이 아닌 안에 있기도 하다.

일상

스페인, 그라나다

2022/07

한국, 제주

2021/10

수전

　여행을 갔을 때 호텔 방 문을 열고 들어가면 맞이하는 것 중 유독 기분 좋게 만드는 것이 있다. 대형 다리미로 다림질이라도 한 것처럼 빳빳하게 정돈된 이불, 물기 하나 없는 욕실에 반들반들 빛나는 수전. 여행길에 지친 나와는 대비되는 빳빳하고 반들반들한 것들이 인사를 건넨다. 이 방에서 한숨 푹 자고 나면 나도 다시 빳빳해지고 반들반들 윤이 날 것 같다.

　욕실의 바짝 마른 세면대를 처음 사용해서 물기가 송골송골 맺힌 걸 보면 왠지 모를 쾌감이 있다. 원래는 딱 여기까지였다. 그런데 언젠가부터 물기가 맺힌 수전을 보면 신경이 쓰이기 시작했다.

　정돈된 생활에 관심이 많던 남자와 연애할 때 욕실 수전을 닦는 습관을 기르기로 했다며 기분 좋게 이야기하길래 호응해 주고 말았는데, 그와 결혼하고 그의 수전이 우리의 수전이 되었다. 매번 수전을 수건으로 닦는다니 조금은 유별나다고 생각했는데 남편이 욕실을 쓰고 나왔을 때 매끈하게 빛나는 수전을 보면 묘하게 기분이 좋았다. 배려받는 느낌이 들어서 고맙기도 하고 나만 그런 기분을 느끼기엔 신경이 쓰여 수전을 닦기 시작했다. 습관이 들지 않았을 때는 까먹고 물기가 축축하게 내버려 두고 나온 적도 많다.

　몇 계절이 지나고 어느새 의식하지 않아도 수전을 닦는 것이 익숙해졌다. 꼭 다음 이를 위해서가 아니라도 물이 맺혀있는 수전을 쓱 닦고 나오면 한층 더 개운한 기분이 든다.

　호텔의 컨디션은 못 따라가지만 그래도 우리 집의 수전 정도는 늘 빛낼 수 있는 일상 속 소소한 기쁨이다.

포르투갈, 리스본

2022/07

한국, 제주

2021/11

침구

옷의 소재에 크게 민감하지 않고 침구에도 예민한 편은 아니다. 그래서 여행지의 호텔을 고를 때 침구에 대한 후기를 찾아본 적은 없다. 그냥 빳빳하고 깨끗하면 된다.

그런 나와 달리 옷의 소재나 침구에 민감한 동생이 있는데 그 동생의 집에서 하루 묵게 된 날이 있다. 편하게 있으라고 깨끗하게 세탁된 잠옷을 건넸는데 입자마자 잠옷이 너무 부드러워 놀랐다. 함께 쇼핑하며 소재를 중요하게 여긴다는 것은 알았지만 그녀의 옷을 입어보니 훅 체감됐다. 화룡점정은 침대였다. 부들부들한 베개와 이불, 폭신한 매트리스까지 마치 구름 위에 둥실 떠 있는 기분이었다. 우스갯소리로 이 침대에서 자면 불면증도 낫겠다고 말했다. 그날 밤, 마치 내 집인 것처럼 아주 푹 잤다.

시간이 흐른 지금도 그녀의 집에 초대받은 날이 좋은 기억으로 남아있다. 즐거운 대화와 맛있는 식사도 좋았지만 피부에 와닿는 부드러운 잠옷과 침구는 잠들기 직전까지도 편안히 쉬라고 속삭이는 기분이었다.

옷이나 침구에 민감하지 않아서 편한 면도 분명히 있다. 그러나 한편으로는 어떤 것에 민감하다는 건 그 부분에 있어 더 풍부하게 느낀다는 방증일 것이다. 시간과 품은 들겠지만 나에게 잘 맞는 것을 찾아서 내 삶으로 하나하나 가져다 놓는 일 또한 살아가는 재미 중 하나이지 싶다.

나는 왜 이 부분에 이리도 민감한가 하고 생각이 드는 날엔 나에게 채워줄 삶의 재미가 또 하나 늘었다고 달리 생각해 봐야겠다.

스페인, 바르셀로나

2022/06

한국, 부산

2023/03

조명

한 스승이 세 명의 제자에게 문제를 냈다. 엽전 한 닢으로 방을 가득 채울 수 있는 것을 구해오너라. 첫 번째 제자는 깃털을 샀고 두 번째 제자는 값싼 짚을 샀다. 깃털을 날리고 짚을 뿌려봐야 턱없이 부족했던 방이 세 번째 제자가 사 온 양초 하나를 밝힘으로써 가득 채워졌다.

어릴 때 들어본 이야기인데 어찌나 현명한지 조명 가게를 차린다면 '세 번째 제자'라고 짓고 싶다. 손님 몰이는 조금 못할 것 같기는 하지만.

혹시 내가 네 번째 제자가 될 기회가 온다면 방이 쩌렁쩌렁 울리게 노래를 한 곡 부르고 싶다. 성량이 좋은 친구 한 명을 엽전 한 닢에 우정을 얹어 섭외하는 방법도 있다.

빛과 음악은 보이지 않지만 그 공간을 가장 밀도 있게 채워주는 것 중 하나다. 그래서 공간을 채워나갈 때 나에게 중요한 것을 꼽으라면 바로 조명과 스피커다. 조금 품을 들여 마음에 들고 오래 쓸 수 있는 것을 구해두면

실내장식 소품 10개보다 더 집을 풍성하게 채워주리라 믿는다.

매일 밤 쓰는 조명은 특히 중요하다. 모든 시간대 중 해 질 녘을 가장 좋아하고 노을 앞에서 가장 느슨해지는 나에게 해 지는 시간은 항상 너무나 짧다. 그래서 포르투 모루 언덕의 끝나지 않는 앙코르 같았던 긴 노을이 더 황홀하게 느껴졌나 보다.

잠을 자려고 침실에 들어가 기다란 조명을 켜는 것은 나에게 두 번째 노을 같은 것이다. 그 조명 아래 책을 읽기도 하고 휴대전화 액정을 들여다보기도 하며 배우자와 나란히 누워 시시콜콜한 이야기로 잠의 시동을 건다. 애석하게도 우리 집 조명은 수동인지라 잠들기 전 손이나 발로 '딸깍' 소리를 내며 꺼야 하지만, 그 명료한 플라스틱 마찰음이 마치 기나긴 하루가 끝나는 소리 같아서 후련하게 들리는 밤도 있다.

스페인, 바르셀로나

2022/06

한국, 부산

2022/05

일상과 여행

나의 배우자는 스물아홉에서 서른으로 넘어가는 해에 1년 동안 세계여행을 떠났다. 바짝 깎은 머리로 로스앤젤레스에서 여행을 시작해서 마지막 여행지인 인도에선 꽁지머리를 할 정도가 되었다. 그렇게 긴 여행을 떠나본 적이 없는 나는 그의 여행 이야기를 묻고 듣길 좋아한다.

어느 날은 이야기하길 화려한 관광지에서 묵묵히 일상을 살아내고 있는 현지인을 보며 여행지도 결국 누군가에겐 그저 일상이구나 하는 마음이 들었다고 한다. 어쩌면 나의 일상을 여행처럼 사는 게 가장 길고 멋진 여행일 것이고, 쉽지 않겠지만 그런 태도로 삶을 살아가고 싶다고도 말했다.

어떤 감정인지 어렴풋이 이해하며 나 또한 그런 태도로 인생을 살아가고 싶다. 그러나 우리는 쉬이 김장철 배추처럼 일상에 절여지고 고춧가루 같은 시련에 파묻힌다. 낭만적인 바람이지만 일상을 여행처럼 여기는 것이 쉽지 않다. 집을 떠나 멀리 가지 않고서는 도무지 쉽사리 소중해지지 않는 나의 동네와 평범한 일상. 반복되는 나날 속의 찰나라도 소중함을 느끼며 살아가고 있다면 당신은 이미 일상의 여행자일 지도 모른다.

나는 아직 부족한 일상 여행자이지만 그래도 나에게 활주로가 되어주는 공간이 있다. 따사로운 날씨에 한적한 카페의 야외테라스에 앉아있노라면 어느새 마음이 두둥실 떠오른다. 몸은 여기, 마음은 지구 반대편에 가 있는 동상이몽의 여행이 아니다. 오로지 지금, 이 순간이 좋아서 떠오르는 마음. 그 순간의 나는 비록 들떠서 소리 지르진 않지만 일상을 즐기고 여행하고 있다.

이 글을 읽고 있는 당신의 일상에서 활주로가 되어주는 공간이나 순간이 있는지 궁금하다. 일상에서 마음이 떠오르는 순간마다 일상 여행 마일리지를 쌓인다면 어떨까. 먼 공항까지 가지 않고도 마음만 먹으면 언제 어디든 떠날 수 있는 베테랑 일상 여행자가 되고 싶다.

Santin's
desde 1949

음식

포르투갈, 포르투

2022/07

한국, 울산

2022/09

맥도날드

해외에서 구글맵 속을 서성이다가 근처에 맥도날드가 보이면 일단 반갑다. 그 나라 음식이 도저히 입맛에 안 맞는다면 달려갈 최후의 보루를 하나 확보한 셈이기 때문이다. 맥도날드는 허기진 여행자들의 만만한 끼니 해결책이자 내가 모국에서 얼마나 떨어진 곳에 와있는지 알려주는 이정표가 되어주기도 한다.

포르투의 맥도날드가 유독 그랬다. 세상에서 가장 예쁜 맥도날드로도 유명한 포르투 맥도날드. 예쁜, 맥도날드라니 그 단어의 구성도 낯선데 눈앞에 보이는 맥도날드의 모습은 더 낯설었다. 이렇게까지 고풍스러울 필요가 있나 싶을 만큼 예뻤다. 포르투갈 음식이 적당히 입에 맞았기에 들리진 못했지만 아마 감자튀김 맛까지 고풍스럽진 않을 것이다.

한국 대로변에 보이는 맥도날드는 내겐 큰 감흥이 없지만 누군가에게는 아주 특별하게 다가올지도 모른다. 어느 허기진 여행자가 우연히 맥도날드를 발견하곤 노란 로고처럼 두 눈이 한껏 휘어지는 상상을 해본다.

스페인, 그라나다

2022/07

한국, 부산

2023/03

탄수화물

직장 생활할 때 나를 진정시켜 주는 것은 주로 월급과 탄수화물이었다. 월급은 오히려 화가 날 때도 있었으므로 탄수화물만큼 안정적으로 나를 위로해 준 것은 없다. 탄수화물의 위대함은 여행에서도 종종 느낄 수 있다.

처음 공항에 도착했을 때의 가벼웠던 발걸음도 잠시, 서서히 종아리가 붓고 발바닥에 불이 나기 시작한다. 어제까지도 싱그러운 들꽃 같았던 나와 동행인은 긴 여정에 점차 시들시들해져 간다. 긴 여행에서 겪는 아주 자연스러운 현상이다. 여행 일정은 아직 한참 남아있는데 이럴 때 찾아야 하는 것은 바로 탄수화물이다. 이왕이면 그 나라에서 유독 잘한다는 탄수화물 맛집으로 가야 한다. 그 맛을 봤다는 사실 만으로도 기력 회복에 효과가 탁월하다.

스페인의 그라나다에서 그 효과를 두 눈으로 직접 보았다. 추로스가 맛있기로 유명한 식당에 들러 핫초코와 추로스를 주문했고 이내 우리 앞에 놓인 추로스는 다른 추로스와 별반 다를 것이 없어 보였다.

동행인이 추로스를 핫초코에 담뿍 찍어 한 입 먹었고 원래도 큰 눈이 번쩍 커졌다. 눈동자가 반짝반짝 빛나기 시작했다. 그 짧은 찰나에 몸속에서 탄수화물과 당의 순회공연이 있었나 보다. 나도 맛있게 먹긴 했지만 빛나는 눈으로 추로스를 맛있게 먹던 그 모습은 잊지 못할 것이다. 그녀와 다시 여행을 떠나게 되거든 여행의 중반부쯤 탄수화물 맛집을 찾아야겠다.

스페인, 바르셀로나

2022/07

한국, 서울

2022/11

하리보

어릴 때부터 슈퍼마켓과 편의점을 들락거리며 군것질 취향을 다듬어왔는데 개인적으로 젤리는 하리보사가 가장 실패가 없다. 취향을 섬세하게 다듬느라 치과에서 보수를 많이 받았기에 이런 부분으로는 쓸데없는 자부심이 있다. 하리보의 마스코트인 골든베렌은 보기엔 귀여운 곰돌이지만 애석하게도 내 입맛은 아니다. 개인적으로 스타믹스나 프루티부시를 즐겨 먹는다. 폭신한 구름 같은 마시멜로와 쫀쫀한 젤리가 섞여 있는 게 마음에 든다.

아래는 폭신한데 위는 쫄깃하고 몇 번 씹다 보면 두 가지 식감이 섞이면서 입 안이 배로 황홀해진다. 거기에 프루티부시는 갇혀있던 시럽까지 터져 나와 합주를 벌이니 나에겐 하리보의 완벽한 삼합이다.

젤리를 아주 사랑하는 사람처럼 보일 수도 있겠지만 가끔 강렬하게 당기는 정도지 항상 젤리를 사랑하는 마음을 갖고 있진 않다. 당기지 않을 때는 고무 덩어리 보듯 냉랭해지는데 안타깝게도 유럽 여행 중이 그 시기였다. 바르셀로나의 슈퍼마켓에 진열된 하리보를 화려한 고무 덩어리의 향연 정도로 취급하고 사진만 찍어왔다. 두고두고 그 어리석음이 후회된다. 애꿎은 사진만 확대해 보며 입맛을 다신다. 해외에서 처음 보는 하리보는 고무 덩어리 보듯 하지 말고 하나라도 쟁여와야 한다는 교훈을 하나 새긴다.

그러고 보니 스페인 하리보는 뒤의 영양성분이나 정보가 스페인어로 쓰여있었겠지. 젤리를 사랑하는 마음이 영 부족한 나를 탓할 뿐이다.

스페인, 바르셀로나

2022/07

새콤달콤
맛있는 귤
1봉지 1000원
새콤달콤 감귤 1봉지 1000원
털보식당
털보 아저씨
털보식당 짱!
맛있어요
감사예~

한국, 제주

2022/11

과일

사람들이 유럽에서 납작 복숭아를 사 먹는 것을 보고 괜히 그 맛이 궁금했다. 유럽에 간 김에 한번 맛보고 싶었는데 무슨 일인지 납작 복숭아를 사러 가면 다 팔리고 없거나 상태가 좋지 않았다. 그러다 출국 전 우연히 들른 바르셀로나의 슈퍼마켓에서 납작 복숭아와 딱 마주쳤다.

한 입 베어 무는 순간, 이걸 마지막 날에서야 맛본 것이 아쉬워졌다. 지금껏 내가 먹어온 복숭아도 충분히 맛있었지만 납작 복숭아는 또 다른 별미였다. 납작 복숭아 외에 다른 과일도 사 먹어봤는데 맛도 좋았지만 유럽의 과일이 무척 저렴해서 놀랐다. 한국 마트에서 탐스러운 자태의 제철 과일을 집어 들었다가 손 떨리는 가격을 보고 내려놓은 적이 꽤 있기 때문이다.

유럽 여행에서 돌아오고 얼마 지나지 않아 제주로 떠나게 되었다. 함덕리를 돌아다니다가 우연히 한 봉지 천 원짜리 귤과 딱 마주쳤다. 잊고 있었다, 감귤의 도시. 우리에겐 단돈 1달러 제주 감귤이 있다. 심지어 계산은 나무로 된 돈통만 덩그러니 두고 양심에 맡긴다.

함덕리의 버스정류장에서 친구와 나란히 앉아 맛난 귤을 우물우물 나눠 먹으며 꽤 행복했다.

포르투갈, 포르투

2022/07

한국, 강원

2018/08

고기

포르투의 한 레스토랑에서 시킨 'Torresmo panceta'라는 돼지고기 요리가 기억에 남는다. 비록 바로 옆이 공사 중이라 시키지 않은 소음과 먼지를 사이드 메뉴로 함께하긴 했지만 꽤 괜찮은 식사였다. 고기는 기름기를 쫙 뺀 수육을 빠삭하게 튀겨낸 듯한 맛이었는데 시간이 흐른 지금도 생각하면 침이 넘어간다. 한국식 수육도 야들야들하고 맛있지만 가끔은 튀겨서 먹는 것도 나쁘지 않을 것 같다.

그래도 한국인에게는 불판에 구워 먹는 고기가 최고이긴 하다. 동네의 허름한 고깃집을 좋아하는데 한자리에서 오래 장사를 해 온 것에 대한 믿음이 있다. 그리고 식당이 허름하면 왠지 들어서는 몸과 마음이 한결 가볍다. 고기 냄새가 잔뜩 배도 상관없는 후줄근한 옷을 입고 배불리 먹은 뒤 자판기 커피로 마무리하면 더없이 완벽한 외식이다.

혹시 상대와 다퉜거나 어색한 분위기에서 갈 고깃집을 찾는다면 두꺼운 오겹살보다는 잠시만 눈을 떼도 까맣게 타버리는 양념 갈비를 추천한다. 바쁘게 움직이는 손짓으로 숨 막히는 분위기를 무마할 수 있고, 타버린 고기의 한 귀퉁이를 잘라서 상대 앞에 살포시 놓아주면 완벽한 화해의 제스처가 될 것이다.

스페인, 바르셀로나

2022/07

한국, 부산

2022/04

혼술

혼술*을 즐기는 편은 아니다. 술자리에서 내가 좋아하는 것은 *1. '짠'하기, 2. 내 말에 동조 구하기, 3. 네 말에 동조 해주기* 정도로 추려지는데 혼술은 세 가지 모두 불가능하기 때문이다. 그래도 가끔은 혼술이 당기는데 저 세 가지를 포함한 만사가 귀찮거나 함께할 사람은 없어도 여기서 이것은 마셔야겠다 싶을 때 그렇다.

스페인 바르셀로나 투어의 가이드가 나에게 '까바'라는 와인을 알려주었고 나는 그날 저녁 한 식당에서 까바 3잔을 마셨다. 그날 마신 까바가 어찌나 맛있었던지 출국을 앞두고 잠시 들린 바르셀로나 시내에서 기어이 까바 팔 것 같은 집을 찾아 들어가서 까바만 한 잔 시켜 마셨다. 이상하게 그날 밤에 마신 그 맛이 나지 않았다. 그때는 속으로 맛없는 까바를 판다고 식당을 탓했는데 돌이켜 생각하니 식당은 죄가 없다. 여행의 첫 잔과 막 잔의 맛이 같기를 바란 내 잘못일 뿐.

만약 지금 한국의 어딘가 이대로 떠나긴 아쉬운 여행자가 있다면 용기 내어 혼술을, 이왕이면 막걸리를 마셔보라 권하고 싶다. 여행 끝의 피로는 기나긴 노동과 맞먹을 테니 한국인의 노동주, 막걸리가 딱이다.

*혼자 마시는 술.

스페인, 바르셀로나

2022/07

한국, 부산

2020/10

맛집

평생 부산에 산 사람이 바르셀로나의 맛집을 찾아내는 것은 쉽지 않다. 하지만 먹을 복이 있는지 동행인의 바르셀로나 친구 덕분에 운 좋게 맛집을 찾았다.

조금 이른 저녁에 찾은 식당은 벌써 북적북적한 것이 단골들이 사랑하는 맛집 분위기 그 자체였다. 장사가 잘되니 주인은 연신 싱글벙글이고 음식 맛이 좋은지 손님들도 한껏 흥이 올랐다. 바에 앉아 미리 봐둔 메뉴의 사진을 보여주며 주문했다. 조금 서툴게 주문해도 직원은 시종일관 유쾌하고 친절하다. 음식이 나오기 전부터 느낌이 좋다.

주문한 스테이크와 고추 타파스, 그리고 거품이 풍성한 생맥주 두 잔이 나왔다. 종일 관광지에서 땀 흘린 우리는 기분 좋게 잔을 부딪치고 꿀떡꿀떡 맥주를 마셨다. 지금 생각해도 침이 꼴깍 넘어가는 시원하고 묵직한 생맥주의 맛이다. 이어 나온 스테이크도 맛이 좋았지만 평범하기 그지없어 보였던 고추 타파스가 그날 최고의 메뉴였다. 튀겨낸 고추 위로 소금을 솔솔 뿌려 바삭하고 짭조름한 고추 타파스는 스테이크와도, 생맥주와도 최고의 궁합이었다.

배불리 먹고 나오며 첫 도시에서 이미 최고의 식당을 만나버린 것 같은 느낌이 왔다. 이후로 여러 번의 식사를 거쳐서 세비야의 등갈비가 우리를 또 한 번 환호시켰고, 바르셀로나와 세비야의 두 식당은 여행 내내 언급되었다.

여행의 마지막 날 바르셀로나 공항에서의 출국을 앞두고 약간의 빈 시간이 생겼다. 우리는 여행 내내 그리웠던 바르셀로나 식당에서 최후의 만찬을 즐기기로 했다. 약 10일 만에 다시 먹는 스테이크와 고추 타파스, 시원한 생맥주는 역시 맛있었다. 그러나 애석하게도 처음 먹었을 때 느낀 감동은 없었다. 여행 초반의 흥분과 처음 맛본 음식의 황홀함이 뒤섞여 만들어 낸 인생 맛집은 슬그머니 맛집 정도로 자리 잡았다.

여운을 해소하고 나니 생각나는 것은 세비야의 등갈비였다. 하지만 등갈비 때문에 세비야까지 다시 갈 수는 없는 노릇이었다. 입맛만 다시며 돌아왔는데 시간이 흐른 지금은 오히려 다시 맛보지 못했기에 더 깊이 추억하게 된다.

아쉬움은 이내 그리움이 되고 그리움은 어느새 일상의 동력으로 바뀐다. 여행지의 맛집을 다시 가고픈 유혹이 찾아올 때, 침 한 번 꼴깍 삼키고 그곳을 다시 찾을 핑곗거리로 남겨 오는 것도 꽤 괜찮은 방법인 것 같다.

자연

스페인, 바르셀로나

2022/06

한국, 부산

2022/03

그림자

건물 외벽에 진 그림자에 시선을 뺏길 때가 있다. 건물은 움직이지 않고 멈춰 있는데 그림자가 새로운 선을 만들어 낸다. 사선으로 시원하게 가로지르기도 하고 건물 외벽에 풍경이 스며들기도 하며 자유자재로 그림자 건축을 한다.

내 시선이 닿은 그 순간에만 볼 수 있기에 멍하니 눈으로 보다가 얼른 사진 속으로 주워 담는다. 앨범에 있는 사진을 다시 볼 때 그림자 사진은 그림자를 발견했던 그 순간처럼 고요하고 평화롭다.

일상에 그림자를 발견하는 순간이 있다면 잠시 쉬었다 가는 그림자처럼 나의 시선도 쉼표를 찍을 여유가 있다는 뜻일 테다. 눈 쉴 틈 없는 여행과 일상에서 묵묵히 드리운 그림자를 더 자주 만나고 싶다.

포르투갈, 리스본

2022/07

한국, 경주

2022/11

꽃

길가에 핀 꽃을 들여다보기 시작하면 나이가 든 반증이라고 말한다. 이런 말은 도대체 누가 만드는가 싶지만 반박하기는 어렵다. 조금 더 정확히는 길가에 아무렇지 않게 핀 꽃에도 관심을 가질 때가 아닌가 싶다. 20대에도 흐드러지게 핀 벚꽃 터널이나 동백섬을 가득 메운 동백꽃의 향연은 매력적이었으니. 유심히 보지 않으면 보이지 않는 들꽃을 보면 그게 그렇게 어여쁘고 기특하다. 어르신들은 길가에 핀 꽃도 마치 본인이 키워낸 것처럼 바라보는데 내 정성으로 키워낸 것은 더 예쁠 수밖에 없을 것이다.

우리 외할머니는 무언가를 길러내는 데 특별한 능력이 있다. 한여름에 할머니 댁 옥상에 올라가면 작은 신선 코너를 보는 것 같다. 상추, 고추, 포도, 참외, 호박까지. 어릴 때 할머니께서 우리 집 현관에 있던 삐쩍 마른 기둥을 하나 가지고 가셨는데, 시간이 지나 그 기둥이 가지를 뻗고 잎을 틔우는 것을 보고 할머니에겐 무언가 있는 게 분명하다고 확신했다.

언젠가 꽃집 주인분과 대화를 나누었을 때 사람들이 식물을 키우며 위로받는 이유 중 하나는 식물의 시간이 천천히 흘러가기 때문이라고 하셨다. 느리게 잎 틔우고 꽃 피우는 식물을 보며 바삐 살아가는 이는 쉬어갈 수 있어 좋고, 여유를 찾은 이는 호흡이 맞아 더 좋은가 싶다.

몇 해 전까지만 해도 식물을 집에 들이는 족족 자연으로 돌아가게 했는데 언젠가부터 우리 집 식물들이 편안히 잘 지낸다. 바뀐 것은 가끔 쪼그려 앉아 얘가 지금 목이 마른 지 아닌지 골똘히 지켜보는 정도가 다다.

스페인, 바르셀로나

2022/06

한국, 제주

2022/11

해변

바르셀로나 근교의 휴양지 토사 데 마르. 동행인의 바르셀로나 친구 차를 타고 근교 여행을 할 수 있었다. 해변이라는 정보는 있었지만 애초에 수영복을 챙길 생각은 전혀 하지 않았다. 어린 시절 이후로 나에게 바다는 더 이상 수영장이 아니었기 때문이다.

나름 시원해 보이는 반소매 원피스를 입고서 해변에 도착하는 순간, 나만 털 코트를 입고 있는 것처럼 느껴졌다. 사람들은 형형색색의 파라솔을 펼치고 더 화려한 비키니를 입고 해변을 쏘다니고 있었다. 그런 그들을 바라보자니 자유로움이 느껴졌다. 정작 평범한 일상을 보내고 있는 그들에게 자유로운 에너지를 받았다고 하면 갸웃할 것이다.

나는 바다에서 비키니를 입은 적이 없다. 하지만 이곳, 토사 데 마르라면 입을 수 있지 않을까. 아무래도 해운대 백사장은 무리다. 아, 이토록 타인에 기반한 자유로움이라니.

꿈은 크게 가지라고 했으니 훗날 해운대 백사장에서 멋진 수영복을 입고 일광욕하는 할머니를 슬쩍 꿈꿔본다.

포르투갈, 신트라

2022/07

한국, 부산

2022/08

안개

벼르고 벼르던 봄 소풍 같은 날씨의 조력이 매우 중요한 날을 제외하고는 안개 낀 날도 좋아하는 편이다. 여행을 일주일 떠난다면 5일 차 정도엔 안개가 잔뜩 끼어도 기분이 가라앉지 않는다. 오히려 반가울지도.

그즈음 되면 일주일 치 체력을 미리 끌어 썼을 테고, 여행지의 땅을 처음 밟는 순간 반짝이던 눈도 옅게 안개 낀 듯 흐려지고 있을 것이다.

여행 아닌 일상에도 유독 안개 낀 날이 반가울 때가 있다. 전날부터 내일은 꼼짝도 하지 않겠다고 휴식을 벼르고 잠들었는데, 눈 뜨니 창밖도 뿌옇게 안개가 낀 데다 추적추적 비까지 내린다면 마음이 그렇게 편할 수 없다. 나만 이렇게 하루를 날리는 것이 아니고 하늘도 널브러져 같이 쉬는 기분이 든다.

내가 쉬어가고 싶다면 쨍쨍한 날도 마음 편히 널브러져 쉴 줄 알아야 하는데 그런 날은 왠지 마음이 편치 않다. 한동안은 안개 장막 뒤에 숨어서 쉬었다 가는 달콤함을 더 누려야겠다.

포르투갈, 포르투

2022/07

한국, 순천

2023/09

해 질 녘

2년 전 여름에 들어간 신혼집에서 두 해를 잘 보내고 올여름 새로운 집으로 이사했다. 낯설었던 이 집도 두 계절을 보내고 나니 점차 익숙하고 편안해진다.

이전 집은 해도 잘 들고 가까이 산도 보이는 살기 좋은 집이었다. 남향을 중요하게 여기는 배우자와 발품을 팔아 찾은 집인 만큼 한겨울에도 해가 잘 들어 따뜻했다. 한 가지 아쉬운 것은 좌우가 트이지 않은 집이라 일몰을 보긴 힘들었다. 하루 중 해 질 녘을 가장 좋아하는 나는 집에서 노을을 거의 볼 수 없어 조금 아쉽기는 하였다.

이번 여름에 이사를 준비하며 마땅한 집을 찾지 못해 이사 한 달 전까지도 애를 먹었다. 그러다 마지막에 운 좋게 남서향의 종일 해가 드는 집을 찾았다. 지난 2년간 노을을 보지 못한 아쉬움마저 씻어 내려줄 정도로 해 질 녘마다 노을빛으로 물든 하늘을 실컷 보고 있다. 눈앞이 탁 트인 시야는 아니지만 도시 한 가운데 살면서 앞집, 옆집이 숲처럼 보이는 것은 숙명이려니 한다.

거실에서 글을 써 내려가는 지금, 창문 밖은 무르익은 노을로 평화롭다. 오늘은 구름이 잘고 새파란 하늘을 황금빛으로 물들이는 노을이다.

매일 그저 오늘의 색으로 충실히 하늘을 물들이고 있을 뿐인 노을에서 일상의 평온을 얻는다.

ZONA
PEATONAL

사람

포르투갈, 포르투

2022/07

한국, 서울

2021/10

_________ 사람

청춘

젊은이들이 여럿 모여 와자지껄 웃는 모습도 아름답지만 묵묵히 나의 내면에 집중하고 있는 청춘에게선 빛이 난다.

한낮에도 주변이 암흑인 듯 홀로 깊어지며 어디로 흘러가고 있을까. 그리고 흘러 흘러 어떤 바다에 다다를까. 게을리 유영하던 나도 조금 박차를 가하고 싶어진다. 저마다의 여행 중인 우리가 어느 바다에서, 어느 길목에서 만나게 될지 모른다. 그런 생각을 하면 설레기도 하고 무언가 내 등을 밀어주는 듯한 기분도 든다. 아마 열심히 자신의 바다로 가고 있는 어느 청춘이 만들어 낸 파동일 것이다. 존재만으로 파동을 주지만 정작 본인은 바로 눈앞의 파도가 너무 크게 느껴질 뿐인 이들.

20대 초반에 눈을 세모로 뜨고 보폭을 크게 크게 걸어 다닌 날이 많았다. 모든 것이 퍽 모나있었던 것 같다. 정작 뾰족해서 힘든 것은 자신이면서 나는 왜 이리 둥글지 못할까 나를 향해 또 날을 세웠다. 청춘이 좀 둥글지 않으면 어떤가. 둥글어지고 깎아내는 것은 조금 더 날카로워진 뒤에 해도 된다. 인생의 거친 바다를 헤엄쳐 온 우리 할머니도 연세가 들수록 사랑스러워지신다.

스페인, 바르셀로나

2022/06

한국, 부산

2023/04

근로자

나는 아마 일을 그만둔 기쁨을 극대화하기 위해 유럽 여행을 떠났는지도 모른다. 그런데 이상하게도 여행지에서 자꾸만 눈에 들어오는 것은 열심히 일하는 근로자였다. 여행 전까지만 해도 내 숨을 턱 막히게 하는 단어였는데 그곳에서는 근로자라는 단어가 건강하게 다가오기까지 했다.

생각해 보면 여행에서 늘 그런 장면은 존재했다. 우렁차게 이랏샤이마세 하고 손님을 반겨주는 주방장이나 투박하지만 따뜻하게 음식을 내어주던 홍콩 식당 주인이 빛나 보이는 순간이 있었다. 모든 것이 익숙한 이들이 모든 것이 낯선 나라를 찾은 관광객에게 베푸는 친절에서 본인이 하는 일에 대한 애정이 느껴졌다. 상황과 대상이 어떨지라도 본인의 자리에서 해야 할 일을 묵묵히 해내는 사람에게선 은은하게 빛이 난다.

유럽 여행이 끝나갈 무렵 한국으로 돌아가 일을 하게 되면 저들처럼 웃으며 일하겠노라 다짐했던 백수는, 점심시간에 삐질삐질 땀 흘리며 커피를 내리는 카페 아르바이트생이 되었다. 호기로웠던 포부에 비해 매 순간 웃으며 일하지는 못한다. 하지만 최소한 내 손을 거쳐 커피를 받아 드는 이들의 점심시간을 망치지는 않겠노라는 마음은 있다. 점심시간의 짧디짧은 카페 나들이가 직장인에게 얼마나 소중한 것인지 너무나 잘 알기 때문이다. 근로자의 마음은 역시 근로자가 가장 잘 알기 마련이다.

스페인, 세비야

2022/07

한국, 부산

2023/01

3

숫자 '3'이 완벽한 균형을 이루는 숫자라는 것에 크게 동의할 수 없다. 최소한 인간관계에 있어서는 그렇다. 둘과 셋의 차이는 딱 한 명 늘어난 것일 뿐인데 큰 차이가 있다. 일단 불안정한 홀수다. 셋의 균형이 잘 맞는 편이라 해도 자신도 모르게 균형이 깨지지 않기 위해 노력하고 있을 확률이 높다. 중간에 끼어 대화할 때는 오른쪽만 보거나 왼쪽만 보지 않는 도리도리 기술은 필수다.

그러나 세 명이 불안정하기는 해도 그래서인지 가장 리듬감 넘치는 조합이 될 때가 많다. 둘로는 채워지지 않는 다채로움이 있고 오디오가 엇갈리는 데서 오는 왁자지껄함이 있다. 관망에 능숙한 이라면 만남 속에서 쉬어 갈 수 있고, 주목에 목마른 이라면 두 개의 귀보다는 네 개의 귀가 매혹적이다. 때로 골치 아프기는 해도 '3'만이 만들어 낼 수 있는 리듬을 거부하기는 힘들 것이다.

'3'이 만들어 낸 궁극의 리듬은 새해 첫날 아파트단지에서 경쾌한 발걸음과 절제된 색의 배합으로 말 한마디 없이 리듬과 균형을 이루고 있던 여성 세 분의 뒷모습으로 대신한다.

스페인, 바르셀로나

2022/06

한국, 부산

2022/07

자전거

자전거 타는 법을 열여덟 살에 친구에게 배웠다. 초등학생 때 배우다가 몇 번 자빠지고는 안 타고 만다고 벽을 쌓고 살다가 딴엔 큰 결심을 한 것이다. 배우는 동안 크게 두 번을 자빠졌다. 자빠질 때마다 더 높은 벽을 쌓고 자전거와 영영 작별할 수도 있었는데 친구는 인내심이 깊었고 제대로 가르치는 법을 알았다. 부모님도 두 손 두 발 다 든 내게 자전거 타는 법을 가르쳐 준 친구가 자전거를 탈 때마다 고맙다.

평소엔 자전거 탈 일이 별로 없지만 걸어서 둘러보기엔 큰 장소에 갈 때면 '자전거 대여소' 여섯 글자 앞에서 안도한다. 자전거 배워두길 잘했다고 생각한 대표적인 두 곳이 울산 대공원과 창녕 우포늪이다.

얼마 전 억새가 장관이었던 창녕 우포늪에서 가을을 만끽했다. 자전거를 타고 지나가니 아저씨가 파이팅을 외쳐주시기도 하고 어떤 아주머니는 "따르릉, 따르릉, 비켜나세요."하고 노래를 부르셨다. 절로 웃음이 나고 흥이 오른다.

그렇게 신나게 자전거를 타다가 잠시 숨 돌리곤 다시 출발하려는데 뒷바퀴가 움직이질 않는다. 자전거 대여소 주인의 말을 듣지 않고 기어를 만지작거린 탓인가 보다. 나와 함께 온 무리는 진작 쌩쌩 달려 나가서 보이지도 않는다. 돌아갈 길이 한참인데 어떡하나 당혹스러웠다. 다행히 일행 중 한 명이 내가 보이지 않아 이상했는지 되돌아와 주었다. 그러나 그녀도 나도 자전거 페달을 굴릴 줄은 알아도 안 굴러가는 자전거의 어느 부분을 달래 줘야 하는지 막막한 것은 마찬가지였다.

팔자 눈썹이 돼선 이러지도 저러지도 못하고 있는데 지나가던 중년 여성 분께서 "아이고, 자전거가 안 움직이는가 보다." 하시기에 나도 모르게 "뒷바퀴가 안 움직여요."하고 의사에게 증상을 말하듯 읊조렸다. 그 말을 들으신 자전거 의사 선생님 아니 남편분께서 외투 소매를 걷어 올리셨다. 브레이크를 꾹꾹 눌려보기도 하고 페달 부분을 만져보시기도 하시더니 자전거를 눕혀 본격적으로 집도를 시작하셨다. 죄송하게도 손끝은 이미 새까매지셨다. 한동안 툭툭, 탁탁하시다가 뒷바퀴를 잡고 돌리니 꿈쩍도 하지 않던 뒷바퀴가 팽팽 돌아가기 시작했다. 우리는 동시에 감탄사를 터트렸다.

연신 감사하다고 꾸벅꾸벅 인사드리니 다행이라며 인자하게 웃어주셨다. 몇 번을 돌아보며 인사를 드리곤 다시 힘차게 페달을 굴려 앞으로 달려 나갔다. 바람은 시원했고 페달을 굴리는 두 다리는 가볍기 그지없다. 그 순간 자전거를 고쳐주신 아저씨가 마치 부러진 새 다리를 고쳐 날려 보내준 은인처럼 느껴졌다. 같이 달리던 일행은 아저씨께 박 씨라도 물어드려야 하는 것 아니냐며 우스갯소리를 했다.

잊고 살다가도 페달을 굴리는 순간 마음속에 재생될 따뜻한 추억이 하나 더 생겼다.

스페인, 바르셀로나

2022/06

한국, 부산

2023/11

작은 다정함

‘작은’ 다정함이라고 일컬었지만 실은 다정함은 전혀 작지 않다. 짧은 말 한마디, 조용한 미소, 사소한 배려의 몸짓처럼 쉽사리 눈치채기 어려운 형태로 드러나기에 작다고 수식할 뿐.

여행지에서 휘황찬란한 것을 그토록 많이 보고도, 돌아오는 비행기 안에서 눈을 감으면 떠오르는 것은 프런트 직원의 따뜻한 미소나 레스토랑 서버의 친절한 응대였다. 스쳐 지나가는 관광객에게 베푼 작은 다정함은 스쳐 지나가질 않고 오래도록 머문다. 그리고 끝내 사진을 다시 보지 않으면 관광지명도 어렴풋해지는 때에 가장 또렷한 여행의 조각 중 하나로 남아있다.

사진 속의 다정함처럼 어떤 다정함은 사진으로 남길 수 있지만 대부분의 다정함은 잠시 옷깃을 스치고 지나가 버린다. 오늘도 나를 스친 작은 다정함을 가만히 떠올려 본다.

낮에 카페에서 일하는 동안 커피를 내어드리니 유독 큰 목소리로 잘 마시겠다고 감사 인사를 건넨 어르신 한 분이 계셨다. 그 따뜻한 말씀이 정신없이 바쁜 틈의 잠시나마 힘이 되었다.

귀한 것은 귀한 모습으로 오지 않는다. 몇 시간만 지나도 흐려지는 속성을 지닌 다정함을 잊어버리지 않게 더 자주 기록하고 내 안에 꽁꽁 가둬두어야겠다.

포르투갈, 포르투

2022/07

한국, 부산

2023/03

와인

포트와인으로 유명한 포르투갈의 포르투. 포르투에 도착한 날부터 큰 간판으로 시선을 사로잡은 샌드맨의 포트와인은 한 병 사 가야지 마음먹었다. 그러다 여행이 끝날 무렵 떠난 와이너리 투어에서 맛본 로제 와인이 매력적이라 결국 관세를 내고 두 병의 와인을 쟁여왔다. 혹시라도 깨질 새라 가지고 간 옷이란 옷으로 돌돌 말아와서 아마 편안한 여행이 됐을 것이다.

여행에서 돌아온 어느 날 포르투에서 산 코스터와 함께 여행을 추억하며 포트와인을 마셨다. 먼 길을 날아온 두 병의 와인은 지나간 여행을 추억하는 것으로 그 역할을 다했다.

와인 맛을 잘 모르지만 음미하기 위해 집중할 때가 있는데, 친구가 하는 와인바에 갈 때다. 따라주는 와인에 대해서 친절하게 이야기해 주는 친구의 이야기를 듣고 있으면 이상하게 풍미가 더 느껴지는 것 같다. 단골손님들이

꾸준히 와인바를 찾는 이유를 알 것 같기도 하다.

와인을 사랑하는 친구의 모습을 보는 것만으로 와인이 배로 맛있게 느껴지듯이 누군가가 무언가를 유독 좋아하는 모습을 바라볼 때면 덩달아 기분 좋아진다. 가만히 주변 사람들을 떠올려 보면 저마다 그런 것이 하나쯤 있는 것 같다.

두꺼운 양장본 책을 좋아해서 새로운 양장본 책을 보면 눈을 반짝이던 언니, 귀여운 것을 발견하면 쉽사리 지갑을 열고 마는 통통하고 작은 손을 가진 그녀, 단정한 군청색 옷으로 가득한 엄마의 옷장도 떠오른다.

사람들을 한 명, 한 명 떠올릴 때마다 그들이 좋아하는 것이 귀여운 구름처럼 옆에 동동 따라다닌다.

풍경

스페인, 그라나다

2022/07

한국, 서울

2019/01

 풍경

벽

한여름 그라나다에서 마주친 벽은 마치 털이 많이 자란 짐승의 등 같다.

반면 한겨울의 서울 덕수궁 벽은 그 짐승의 털을 모조리 깎아놓은 것 같기도 하다.

두 벽을 보고 있으면 여행 내내 나의 벽, 피부로 느껴지던 더위와 추위가 떠오른다. 뜨겁고 차가운 두 벽의 공통점이 있다면 두 장소 모두 몹시 건조했다는 것이다. 그라나다의 여름은 쩍쩍 말리는 더위였고 서울의 겨울은 쩍쩍 갈라지는 추위였다. 날씨를 이길 정도로 좋았다는 것도 또 하나의 공통점이겠다.

벽은 늘 있는 듯 없는 듯 과묵한 편이지만 간혹 말을 걸어올 때가 있는데 그럴 땐 말수 없는 친구가 할 말이 있다고 운을 뗄 때처럼 마음이 설렌다.

포르투갈, 포르투

2022/07

한국, 부산

2023/01

간판

무심결에 봤는데 기분이 좋아지는 간판이 있다. 주로 직관적이고 귀여운 것이 그런데 포르투 여행 중에 발견한 젤라토 가게의 간판처럼 말이다.

점점 거리에 그곳만의 색이 드러나는 독특하고 귀여운 간판들이 많이 보인다. 쓸데없는 일을 궁리하는 것을 즐기는 내가 좋아하는 것 중 하나는 가게의 컨셉을 상상하는 것이다. 정작 사장의 역할과 의무에는 큰 관심이 없고 오로지 가게의 컨셉만을 생각한다. 혼자 들떠서 가게의 컨셉을 파는 엉뚱한 상상도 하곤 했다.

그러나 언젠가 투박할지라도 간판에서부터 주인의 결이 묻어나는 것이 매력적이라고 생각한 뒤로 흥미가 조금 떨어졌다. 그래도 가끔 입으로만 가게를 개업할 때가 있는데 또 간판을 올리려나 보다 하고 조금 맞장구를 쳐주다 보면 혼자 간판을 올렸다가 내렸다가 할 것이다.

포르투갈, 리스본

2022/07

한국, 부산

2022/03

벽화

어느 도시에도 벽을 도화지처럼 쓰는 사람들이 있나 보다.

보통의 벽화나 낙서는 리스본의 골목에서 우연히 마주친 평온한 얼굴처럼 힘이 빠져있기 마련인데 간혹 화자가 간곡히 전하려는 메시지가 담겨 있을 때가 있다. 주로 주거지의 담벼락에서 발견되며 '주인백'이라는 인장까지 찍혀있다면 경고하건대 정말로 흘려들어서는 안 된다.

부산 어느 골목의 집 주인은 일어나는 화를 궁서체로 꾹꾹 눌러가며 써보았지만 '생활 쓰레기'를 '생활 쓰레'라고 써버린 부분에서 그분의 진정성 가득한 마음이 전해진다.

촬영 중이라는 CCTV는 어쩐지 보이지 않지만 아무쪼록 아무도 걸리지 않고 아무도 죽지 않기를 바란다.

스페인, 바르셀로나

2022/06

한국, 부산

2023/03

철근의 순간

바르셀로나 대성당에 도착했을 때 그 화려함에 압도되어 눈을 어디 둬야 할지 몰랐다. 황홀했던 그 순간, 눈에 들어온 우측 탑의 철근 구조물들. 미처 공사가 끝나지 않아 삐죽 튀어나온 철근 때문에 내 입술도 삐죽 튀어나오려 했다. 다시 올 수 없을지도 모르는데 이왕이면 완공된 대성당을 눈에 담고 멋지게 사진도 남기고 싶었기 때문이다.

아쉬워하는 우리를 보며 투어 가이드가 웃으며 말했다. 후에 완공될 대성당은 수많은 사람이 보게 되겠지만 지금, 이 순간의 모습은 오늘 여러분들만이 보고 있는 거라고. 그 말을 들으니 기분이 한결 나아졌고 눈앞에 보이는 대성당이 조금은 특별하게 느껴지기까지 했다. 공사 중인 모습에 실망할 수 있는 관광객의 마음을 헤아려 주는 가이드의 다정함이 고마웠다.

공사가 빈번한 도시에 살고 있다 보니 삐죽삐죽 튀어나온 철근들이 못나 보이고 마음에 들지 않는 순간이 많았다. 하지만 어쩌면 그건 완공된 대성당의 매끈한 모습만 보고 싶었던 것과 같은 욕심이 아닌가 싶다.

나의 내면도 눈엔 보이지 않지만 수많은 감정이 매일 허물어지고 지어지기를 반복할 것이다. 그처럼 도시도 살아있기에 늘 변화하는 과정을 보여주고 있다고 생각하면 눈앞의 광경이 조금은 자연스럽게 받아들여질지도 모른다. 시간이 흐르면 저곳에 완성될 건물의 '철근의 순간'을 보고 있는 거구나 하고 말이다.

그러다 눈과 마음이 답답해져 올 때쯤 오롯이 땅의 순간, 강의 순간, 하늘의 순간만을 보여주는 평화로운 광경을 보러 훌쩍 떠나면 그만이다.

향 수

스페인, 바르셀로나

2022/07

한국, 제주

2022/11

슈퍼마켓

슈퍼마켓에 대한 기억의 가장 안쪽에 자리하고 있는 나의 '수퍼마켙'.

어린 시절 나에겐 아주 짜릿한 찬스가 있었는데 그건 바로 집 근처에 있던 슈퍼마켓에서 하던 외상 찬스다. 그때는 슈퍼마켓 주인은 물론 동네 이웃들과 여름이면 평상에 둘러앉아 수박을 나눠 먹을 정도로 가까이 지냈다. 그리고 오빠와 내가 용돈이 똑 떨어졌는데 출출할 때는 군것질을 할 수 있게 엄마가 슈퍼마켓 주인아주머니께 미리 양해를 구해두셨다.

"안녕하세요."하고 깍듯하게 인사하고 괜히 찔리는 마음에 "외상하러 왔어요."하고 선전포고했던 것 같기도 하다. 주인아주머니의 인자한 얼굴을 보고서야 안심하고 과자 판매대로 들어가서 아주 신중한 표정으로 과자 한 봉지를 고른다. 지금은 천오백 원은 그냥 넘어가는 과자들이 그때는 오백 원 이하의 소박한 가격이었다. 주인아주머니께서 외상 노트에 내가 고른 과자의 가격을 쓱쓱 적는 걸 보고 나면 꾸벅 인사하고 가벼운 발걸음으로 나오곤 했다.

추운 겨울에 "딸랑"하는 종소리가 들리면 미닫이 방문을 드르륵 열고서 맞아주시던 주인아주머니의 얼굴이 이젠 기억나지 않는다. 아마 그때 그 자리의 '수퍼마켙'도 문을 닫은 지 오래일 것이다. 나의 '수퍼마켙'. 그곳엔 과자 한 봉지만큼의 행복이 있고 낡은 공책 한 권만큼의 정이 있다.

스페인, 그라나다

2022/07

한국, 부산

2023/01

까만 고양이

홀연히 나타났다가 제 갈 길을 가는 고양이의 뒤태는 늘 눈길이 간다. 뒤도 안 돌아볼 것처럼 걸어가다가 따가운 눈빛을 느꼈는지 쓱 돌아볼 때는 괜히 안녕? 하고 말 걸고 싶어진다.

고양이 중에서도 내 마음을 조금 더 끄는 쪽이 있는데 바로 까만 고양이다. 까만 고양이 하면 자연스레 나의 태몽 이야기로 넘어간다.

어린 시절에 엄마에게 나의 태몽이 뭐냐고 물었고 엄마는 용이 하늘로 승천했다고 하셨다. 역시 용띠다운 태몽이구나. 시간이 흘러 고등학생이 된 나는 내 태몽 이야기를 다시 듣고 싶었고 돌아온 것은 '큰 나무에 열매가 주렁주렁' 이야기였다. 엄마에게 용이라며! 하고 따지니 엄마는 숨기지 못한 웃음을 터트렸다. 나는 없으면 없다고 해도 되는데 왜 지어냈느냐고 투덜거렸고 듣고 있던 엄마가 사실 태몽이 있다고 입을 뗐다.

새끼 고양이가 엄마한테 왔어.

뭐, 용이나 큰 나무에 비해 스케일은 좀 작아졌지만 귀엽기만 하네. 기분이 풀린 내가 왜 지어낸 거냐고 물으니 "내가 고양이를 무서워해서."라고 당당히 말하던 엄마는 지금 생각해도 웃기다. 하긴 내가 엄마에게 좀 무서운 딸이긴 하다.

그 일이 있고 얼마 지나지 않아 나의 생일이었고, 야간 자율학습을 마치고 집에 돌아온 나는 현관에 얌전히 앉아있는 까만 새끼 고양이와 마주쳤다. 짧은 찰나였지만 10대의 감수성으로 알 수 있었다. 내 태몽에 나온 고양이는 까만 고양이였을 거야. 마중 나온 엄마는 옆에서 무섭다고 빨리 들어가자고 나를 재촉했고 새끼 고양이가 먼저 총총 떠나버렸다.

홀연히 나타났다가 제 갈 길을 가는 고양이. 사진 속 한국 고양이는 그래도 한 번은 뒤돌아봐 주었는데 스페인 고양이는 어찌나 도도한지 한 번을 돌아보지 않고 유유히 제 갈 길 가버렸다.

155

스페인, 세비야

2022/07

한국, 부산

2022/06

형제

나이가 어린 둘째는 보통 첫째의 모든 놀이에 끼고 싶어 한다. 첫째는 동생의 흥밋거리는 졸업한 지 이미 오래기에 또래나 본인보다 나이 많은 형, 누나와 노는 게 더 재미있다. 함께 놀고 싶어 하는 둘째를 두고 꽁무니를 빼기에는 엄마의 잔소리, 동생의 삐짐 등이 결국 첫째의 등을 떠민다.

나와 두 살 차이가 나는 오빠는 나를 곧잘 데리고 다녔다. 어린 시절 나의 그림일기에서 가장 지분이 큰 존재는 오빠였다. 슬리퍼 멀리 던지기, 총알 높이 쏘기, 상대 조개 부수기, 높은 데서 뛰어내리기 등 주로 몸을 사리지 않는 놀이가 많았고 다행인지 나는 그다지 몸을 사리는 어린이는 아니었다.

지금 생각하면 언니 오빠들 틈에서 내가 기죽지 않고 잘 뛰어노는 것은 어린 동생을 챙겨주는 깍두기 문화 덕분이었다. 오빠 뒤를 쫄래쫄래 따라다니는 나는 그들 사이에 암묵적으로 깍두기였을 것이다. 뭣도 모르고 까부는 깍두기를 늘 잘 데리고 놀아준 오빠와 그 시절 나보다 고작 한 뼘 더 컸을 동네 언니 오빠들에게 고맙다.

포르투갈, 리스본

2022/07

한국, 울산

2023/04

지하철 여행

어릴 때 큰아버지 댁 가는 길은 어린 나에게 너무 멀고 지루한 여정이었다. 지하철 1호선을 타고 한참을 가야 했는데 지금처럼 목 빠지게 들여다볼 휴대전화도 없고 사람 구경도 이내 흥미가 떨어졌다.

그런 내게 유일하게 흥미로운 시간은 지하철이 지상으로 나가는 순간이었다. 지하철 창으로 갑자기 볕이 쏟아지고 흑막 같았던 창문이 일순간 채널 돌아가는 브라운관처럼 흥미로워졌다. 오빠와 나는 짜기라도 한 듯 뒤돌아 무릎을 꿇고 창밖을 목 빠지게 구경했다. 엄마의 잔소리가 날아왔지만 한 번에 말을 들으면 아이들일 리 없다. 엄마의 목소리에서 심각한 분위기가 감지되고서야 자세를 고쳐 앉았던 것 같다.

지하철 안에서 가끔 나의 어린 시절을 본다. 바깥 풍경이 보이자마자 잽싸게 뒤돌아 창문에 매달리는 아이를 보면 여전히 아이들에겐 지상철로 전환되는 순간이 참을 수 없는 유혹인가 보다. 결국은 엄마의 잔소리로 겨우 자세를 고쳐 앉는 모습까지 닮아있다.

창문으로 바깥의 풍경이 쏟아져도 꼿꼿이 앉아있는 어른이 되어서야 그 짧은 여행을 추억한다.

TEATRO
NACIONAL
D. MARIA II
D. M II

취
향

스페인, 그라나다

2022/07

한국, 경주

2022/06

벤치

나무 벤치를 좋아한다. 목공예의 목자도 모르지만 언젠가 내 손으로 직접 나무 벤치를 만들고픈 꿈도 있다. 벤치에 빠지게 된 계기는 2018년 교토 여행에서 들른 신신도 카페에서다. 1930년에 연 신신도에는 교토대 학생들이 많이 드나들었다고 한다. 그래서인지 널찍한 테이블과 벤치로 가득 차 있었다. 내가 들렀을 때는 일반적인 손님들이 많이 보였지만 어느 시절엔 대학생들이 모여 앉아 열띤 토론을 했을 모습이 그려졌다.

많이 걷는 여행을 했기에 다리도 아프고 노곤하던 참이라 등받이도 없는 딱딱한 나무 의자가 내심 반갑지는 않았다. 커피와 빵을 시키고 자리에 앉는 순간 뭔가 이상했다. 왜 편한가 싶은 생각이 들었다. 커피 맛은 잘 기억이 안 나지만 나무 의자에서의 휴식은 그야말로 달콤했다.

그때 이후로 나에게 두툼한 나무 의자는 휴식으로 다가왔고 나무 벤치가 좋다고 말하기 시작했다. 나의 취향은 이왕이면 웰던으로 잘 굽힌 두툼한 스테이크 같은 나무 벤치가 좋다. 보기에도 좋고 앉기에도 퍽 편안하다.

언젠가 내가 만든 넉넉한 벤치에서 혼자 길게 드러누워 하늘을 보기도 하고, 누군가와 나란히 앉아 두런두런 이야기를 나누고도 싶다. 벤치에 휴식과 이야기가 서서히 스며들어 시간이 흐를수록 묵직해지고 멋이 깊어지는 상상을 한다.

포르투갈, 포르투

2022/07

한국, 부산

2023/03

171

카페라테

J.K. 롤링이 해리포터를 집필한 곳으로 유명한 포르투의 마제스틱 카페를 찾았다. 조금 이완하고 싶어서 따뜻한 카페라테를 주문했다. 곧 나온 커피를 몇 모금 마시다가 생각했다. 그녀가 이곳을 찾은 이유는 커피 맛이 아니라 분위기 때문은 아니었을까.

추운 날씨뿐만 아니라 무언가 골똘히 생각하거나 쉬어갈 때는 따뜻한 카페라테가 좋다. 따뜻한 카페라테는 보통 입구가 넓고 묵직한 머그잔에 담겨 나오는데 나는 그 점이 좋다. 오른손 검지를 손잡이에 걸고 들어 올려 한 모금 마신 뒤 둔탁한 소리와 함께 내려놓는 일련의 행위가 마음의 안정을 준다. 머그잔은 무거운데다 카페라테는 뜨거워서 자연스레 동작도 느려진다.

늘 사람들로 북적이던 동네 카페를 이른 아침에 찾았다. 아마 내가 첫 번째 손님인가 보다. 큰 고민 없이 따뜻한 카페라테 한 잔을 주문했다. 카페 주인이 내게 커피를 내어준 뒤 분무기로 식물의 이파리에 칙칙 물을 준다. 평화로운 시간이다. 보이지 않아도 주인의 행동이 그려지는 소리만 간간이 들리는 카페는 내가 좋아하는 순간 중 하나다.

머그잔은 여전히 뜨겁고 커피가 식으려면 아직 멀었다.

스페인, 바르셀로나

2022/06

175

초록파랑색

내가 가장 좋아하는 색은 '초록파랑색'이다. 초록색, 파란색 아니고 '초록파랑색'. 두 가지 색의 우열을 가리기도 힘들지만, 그보다 두 색이 한데 모여있는 것을 좋아한다. 강과 들, 바다와 산, 하늘과 숲. 이처럼 자연이 쉬이 보여주는 색의 조합이라 그런지 보는 순간 편안함을 느낀다.

꼭 자연에서가 아니더라도 구엘공원의 천장처럼 깨진 타일의 조합이 초록과 파랑일 때, 도로에 그어진 페인트칠이 초록과 파랑일 때, 연필꽂이에 나란히 꽂힌 색연필이 초록과 파랑일 때처럼 언제라도 '초록파랑색'을 마주할 때면 단번에 기분이 좋아진다. 이 얼마나 손쉬운 행복인지.

작년 여름에 그 손쉬운 행복을 아예 손가락으로 데려왔다. 수공예 은반지를 만들며 반지에 박힐 큐빅 중 초록색, 파란색을 골라 콕콕 박아 넣었다. 질리지도 않아 다섯 계절을 지나오는 동안 없으면 허전할 정도로 잘 끼고 다녔다. 키보드를 두드리고 있는 이 순간에도 오른손의 검지에서 나의 손쉬운 행복이 은은하게 빛난다.

포르투갈, 포르투

2022/07

한국, 부산

2023/03

엽서

내게 엽서는 두 가지 기능이 있다. 하나는 편지지이고 다른 하나는 기념품이다. 여행이나 전시를 기억하는 기념품. 모든 여행과 전시에서 엽서를 사진 않는데 나름대로 까다로운 컬렉션을 꾸리고 있기 때문이다. 보는 순간 마음에 깊이 들어온 엽서는 아무리 시간이 흘러 꺼내 보아도 마음에 잔잔한 파동을 일으킨다. 시간이 흘러 모아둔 엽서의 두께가 제법 두꺼워지면 작은 전시를 열고 싶다. 말하지 않고선 참을 수 없을 테니 엽서마다 작은 사족을 덧붙여서.

부산 전포동에 포셋이라는 엽서 가게가 있다. 우연히 알게 되고선 전포동에 들릴 때마다 참새가 방앗간을 찾듯 드나든다. 축하할 일이 있거나 특별한 일이 없더라도 종이 위의 활자로 말을 건네고픈 이에게 쓸 엽서를 구하는 것이다.

입장하는 순간 눈 둘 곳이 너무 많아 어지러울 만큼 수많은 엽서가 공간을 가득 채우고 있다. 머릿속에 받는 이의 얼굴을 둥둥 띄워놓고 찬찬히 둘러보다 보면 어느 순간 안녕? 하고 나를 부르는 엽서가 있다. 확신 가득한 손길로 엽서를 꺼내 든다. 이런 과정을 통해 고르고 써 내려간 엽서는 받는 이에게도 기쁨이겠지만 나에게도 충만한 순간이다. 특별한 날이 아닐지라도, 누군가의 얼굴이 겹쳐 보이는 엽서를 골라 강아지 배 같은 하얀 면지에 더 하얀 속내를 써 내려가는 순간이 더러 있기를 바란다.

스페인, 세비야

2022/07

한국, 서울

2019/01

피규어

피규어를 모았던 적이 있다. 자취하던 시절에 나의 방인지 피규어들의 방인지 모를 정도로 피규어와 인형들을 빼곡하게 채워서 살았다. 유독 좋아한 것은 핀란드의 국민 캐릭터 무민.

누구나 하나쯤 자취방에 대한 로망이 있을 텐데 나는 그게 귀여운 것 모으기가 아니었나 싶다. 모아두면 보기에는 참 뿌듯하고 사랑스러운데 청소할 때 개네 머리 위와 발밑을 닦아주는 게 여간 귀찮은 게 아니었다. 그렇게 조금씩 피규어에 대한 열정이 식었고 이사를 하면서 모든 피규어를 정리했다. 초등학교 때 마론인형 미미와 작별할 때만큼은 아니었지만 서운한 마음이 일었다. 자취방에 돌아오면 공기는 썰렁할지라도 무민 가족이 우르르 반겨주었고, 쓸데없는 생각이 드는 밤엔 조명 아래 피규어가 줄지어 서 있는 모습을 보면 기분이 나아지곤 했다. 체구는 작아도 제 몫을 쏠쏠히 하는 아이들이었다.

비록 무민 가족은 떠나보냈지만 내 안에 작고 귀여운 것에 대한 사랑은 여전히 남아있어서 가끔 견물생심이 든다. 다시 오기 쉽지 않은 곳에서 마주할 때면 더더욱 그런데 꼭 참아본다. 여행에 대한 수집의 형태를 엽서로 나 자신과 합의 보았기 때문이다.

이제 작고 귀여운 것이 아닌 작고 얇은 것을 수집하고 있다. 피규어가 자취하던 시절의 나를 떠올리게 하듯이 착실히 모은 수집품은 또 다른 시절의 나를 증명할 것이다.

포르투갈, 포르투

2022/07

한국, 통영

2020/12

마음이 가는 동네

사람을 쉬게 하는 동네가 있다. 그런 동네는 거기서 나고 자란 사람뿐만 아니라 외지인마저 쉬어가게 한다. 나에게 그런 곳은 여백이 있고 물을 낀 동네였다. 물을 찾는 건 고향이 부산이라 그런지, 사람이 물가에 가면 마음이 편안해져 그런지 모르겠다.

포르투갈에서는 포르투가 그랬다. 포르투에 도착하자마자 누가 시키지도 않았는데 동루이스 강을 찾아 그간 여행의 피로를 단번에 벗어던졌다. 마지막 여행지로 제격이었다.

한국에서는 내 고향 부산도, 누구나 한 번쯤 쉬어가는 제주도 좋지만 이상하게 통영에 마음이 간다. 아무래도 2020년 겨울에 통영을 찾았을 때 확실히 통영과 사랑에 빠진 것 같다.

별다른 건 없었다. 배를 타고 한산도로 가서 제승당을 둘러보고 '욕라떼'

말고 '칭찬라떼'를 마셨으며 동피랑 골목을 휘적휘적 걸어 다니며 노을에
옷을 적셨다. 저녁엔 시장에서 산 굴과 회를 먹고 후식으로 고래밥과 통영
꿀빵을 먹었다.

특별할 것 하나 없는 일정인데 어느 순간도 휴식 아닌 적이 없었다. 사람
이 별로 없어서 그런지, 아파트 숲보다 낮은 지붕이 더 많이 보여 그런지,
내 마음처럼 일렁이는 앞바다가 내려다보여 그런 것인지. 사랑하는 데 이유
없듯 뭐 하나 때문만은 아닐 것이다.

2021년부터는 통영국제음악제를 핑계로 매년 벚꽃 필 무렵 통영을 찾고
있다. 꼭 좋아하는 사람 만나러 갈 핑계가 있는 것처럼 든든하다. 그러고 보
니 포르투는 다른 도시에 비해 유독 버스킹이 흔했다. 통영과 포르투 둘 다
참말로 노래하지 않고는 못 배길 동네들이다.

감
흥

스페인, 바르셀로나

2022/06

한국, 부산

2022/07

흥

어느 나라에도 거리의 흥을 돋우는 사람이 존재한다. 흥의 민족은 그런 광경을 그냥 지나칠 수 없다. 특히 여행 중에 우연히 맞닥뜨릴 때면 그 선물 같은 타이밍에 배로 신이 난다.

바르셀로나의 몬주익 분수 쇼를 보고 나오는 길은 뜨거웠다. 사람들이 쏟아지는 광장은 비보이들에게 최고의 무대고 이미 흥이 오른 사람들 틈에 쭈뼛대며 자리를 잡고 섰다. 외국인들 사이에서 조금은 어색하게 관람하고 있었는데 비보이들이 호응을 끌어내는 솜씨가 수준급이었고 '88'이라는 숫자가 주는 힘이 컸다. 비보이들 등에 적힌 '88'이 88년생일 확률은 매우 낮을 텐데 88년생인 나는 내 친구 잘한다며 손바닥 불나게 손뼉 쳤다. 친구면 어떻고 동생이면 어떤가. 서양인이면 어떻고 동양인이면 어떤지.

옆에 있던 강아지도 짖어대는데 마침 박자에 딱딱 맞는 바람에 다 같이 왁자지껄 웃었다.

스페인, 그라나다

2022/07

한국, 부산

2019/11

크리스마스

언젠가 크리스마스 시즌에 런던 거리를 지나는 새빨간 버스 사진을 보고 한눈에 반해버렸다. 사진 한 장만 보고 훌쩍 여행을 떠났다는 사람들이 대단해 보였는데 그런 이들의 마음만은 알 것 같았다. 나도 저 낭만적인 거리를 거닐 수 있다면 얼마나 좋을까 하는 마음이 일었다.

크리스마스 마켓에 들러 다섯 걸음마다 유혹을 뿌리치지 못하는 아이처럼 귀여운 것을 잔뜩 사서 돌아오고 싶다. 한국에 돌아와서 보고는 이걸 대체 왜 샀을까 후회스러운 쇼핑은 필수다. 이성적인 판단을 하지 못할 정도로 그 순간에 푹 빠졌었다는 사랑스러운 증거일 테니.

워낙 추위를 많이 타는 터라 겨울은 그다지 반기지 않지만 크리스마스는 좋아한다. 그래서 가을이 가장 사랑하는 계절임에도 겨울 냄새가 나면 미련 떨 시간도 아까워하며 캐럴을 듣는다. 가을과 초겨울의 나는 특별히 뭘 하지 않더라도 들뜨고 행복하다.

연말이 지나가고, 모든 축제가 끝나고 나면 옷 틈을 파고드는 진짜 겨울 추위가 기다린다. 해도 짧은 그 기나긴 시간을 잔뜩 웅크리고 지내야 한다. 그러니 그 전에 다람쥐가 제 몸보다 큰 도토리 산을 쌓듯 부지런히 추억을 쟁여둔다.

오늘은 두 해 전에 선물 받은 예쁜 리스를 거실 벽 한 가운데 걸었다. 책장에 앉아있는 고양이 인형에게 산타 모자도 씌워주었다. 스피커에선 재즈 풍의 산타 베이비가 흘러나오고 있다.

크리스마스가 한 달 넘게 남았으니 나에겐 아직 켜지지 않은 서른여 개의 전구가 남은 셈이다.

스페인, 바르셀로나

2022/06

한국, 경주

2022/09

평온함

높은 곳에 올라 아래를 내려다보는 것이 주는 위안이 있다.

마음이 어지러웠던 어느 밤에 황령산 봉수대에 올라 불빛만 반짝이는 레고 같은 도시를 내려다보았다. 오랜 시간 요동쳤던 마음이 이상하게 차분하고 평온해진다. 우주가 얼마나 광활한지 알았을 때 나라는 존재가 한없이 미미하게 느껴지면서 오히려 평온함을 느꼈는데 그때와 비슷한 마음이다. 모든 것이 작게 보이니 나라는 사람에 대한 존재 의식도 낮아지고 내가 가진 감정 또한 티끌처럼 느껴졌다.

사람들이 전망대를 찾는 이유는 저마다 다르겠지만, 나에게 전망대는 평온함을 안겨주는 곳이다. 낮의 전망대는 관광지를 한눈에 시원하게 담을 수 있어서 좋고, 밤의 전망대는 잘 보이진 않더라도 보이는 것은 모두 별처럼 반짝이니 좋다.

포르투갈, 포르투

2022/07

한국, 부산

2022/10

축제와 노을

여행의 마지막을 모루 언덕에서 노을을 보며 차분히 마무리하고 싶었다. 노을만을 기대하고 도착했는데 작은 뮤직 페스티벌이 열리고 있었다. 등 뒤로는 스피커에서 음악이 흘러나오고, 눈앞에는 노을이 동루이스 강을 붉게 물들이고 있었다. 여행의 마지막이라는 아쉬움도 녹이는 아름다움이었다.

수많은 사람과 음악 속에서 노을을 볼 때면 나의 첫 번째 뮤직 페스티벌이 생각난다.

해 질 무렵 드넓은 광장을 키가 큰 나무들이 빼곡히 둘러싸고 있었고, 사람들은 시원한 그늘 또는 뜨거운 잔디밭 위에 돗자리를 펴고 눕거나 비스듬히 기대어 앉았다.

음악을 귀로 듣는 것이 아니라 피부로 흡수하는 것 같았고 수많은 눈동자에 붉은 노을이 넘실거렸다. 목덜미가 벌겋게 익거나 양 볼이 붉거나 사람들은 저마다 어딘가 붉어져 있었다. 몇몇은 가수만큼이나 큰 목소리로 노래를 불렀다.

마지막 곡이 끝나자 시원한 바람이 선심 쓰듯 광장을 한차례 쓸고 지나갔고 광장의 사람들은 빗질을 받는 강아지처럼 행복해했다.

나에겐 그 장면이 가장 아름다운 곡이었다.

스페인, 그라나다

2022/07

한국, 통영

2023/04

행복

사람마다 좋아하는 날씨가 다르듯이 행복의 주파수 또한 다를 것이다. 타인의 행복이 쉬이 노출되는 세상에서 내가 어떤 주파수에 행복을 느끼는 사람인지 들여다보는 시간은 필요하다.

내가 발견한 나의 행복 중 하나는 자연 속에서 좋은 사람과 함께 하는 것이다. 대자연에 폭 안긴 평화로움도 무척 크겠지만 작은 자연 속에서는 더 섬세하고 귀여운 행복을 찾을 수 있다. 발에 차이는 자갈 소리, 아직 못 날아간 풍성한 민들레 홀씨, 바람에 나뭇잎끼리 부대끼는 마찰음.

이런 것들을 발견하는 것만으로도 행복이지만 이것 봐, 저것 봐 하고 말 걸면 어디, 어디? 하고 맞장구쳐 주는 존재는 행복을 손쉽게 뻥튀기시킨다. 혼자 하는 차분한 여행도 좋지만 함께하는 여행을 놓칠 수 없는 이유다. 행복의 요소를 하나 더 고백하자면 맛있는 식사다. 좋은 사람과 맛난 한 끼를 먹고서 자연 속을 거닌다면 그야말로 완벽한 순간이다.

그 시간의 나는 검은 옷을 입고 흰 강아지를 껴안은 것처럼 온몸에 행복이 잔뜩 묻어있다.

나의 두 눈동자는 조금 부산스러운 편이라 길을 걷다가도 사진을 찍고 싶은 순간에 자주 현혹된다. 한때는 눈앞의 장면을 조용히 눈으로만 담는 사람들을 동경해서 사진을 찍고 싶은 마음을 애써 누르기도 해 보았지만, 돌아서면 곧장 그 장면을 찍지 못한 아쉬움이 일었다. 아마 이번 생은 쉴 새 없이 찰칵거릴 운명인가 보다 한다.

2022년 스페인과 포르투갈 여행은 나에게 첫 유럽 여행이었으니 오죽했을까 싶다. 걸음마다 찍고 싶은 것투성이였고 몇 걸음 걷지 못하고 멈춰서길 반복했다. 다행히도 나의 다정한 동행인 사바나는 내가 멈춰 서서 사진을 찍을 때마다 말없이 뒤에 서서 조용히 기다려 주었다. 연거푸 사진을 찍다가 미안한 마음에 자꾸 멈춰서 사진을 찍어 미안하다고 말하니 그녀는 괜찮다며 오랫동안 마음에 남을 다정한 말을 해 주었다.

함께 여행하고 있지만 내가 미처 못 본 순간들을 사진으로 남겨줘서 좋다고. 본인에게도 사진들을 보내달라고 말하는 그녀의 목소리가 따뜻했다.

내 곁에 오래 머물렀으면 하는 순간을 놓치지 않고 사진으로 남기는 것은 나에게 행복한 일이다. 그리고 누군가 나의 행복을 본인의 행복처럼 아껴주는 것은 이루 말할 수 없이 감사한 일이다. 책에 실을 사진을 고르며 장면, 장면마다 함께한 사람들에게 고마운 마음이 일었다.

한국의 46가지 순간에 함께한 사람들, 그리고 스페인, 포르투갈의 46가지 순간과 함께한 사바나에게 특별히 감사의 말을 전하고 싶다. 난생처음 마주하는 것을 진득이 바라보고 충분히 느낄 수 있게 기다려 주고 따뜻하게 봐주어 진심으로 감사하다고.

눈동자는 매일 무수한 장면을 보고 있지만 '찰칵' 소리와 함께 사각 프레임에, 마음에 담기는 장면은 따로 있다. 설령 사진으로 남기지 못했다고 해도 크게 아쉬워하지 않아도 된다. 아마 눈동자는 소리 없이 그 장면을 이미 쓸어 담았을 것이다.

나의 시선이 머문 것들은 나도 모르는 사이 내 안에 담기기 마련이고 그렇게 차곡차곡 쌓인 고유한 시선은 나의 일부가 된다.

어느 하나도 같지 않은 밤하늘의 수많은 별처럼 낮도, 밤도 저마다의 시선으로 찰칵이고 있는 세상을 떠올리면 아름답다는 생각이 든다. 두 눈에, 프레임 속에 담기는 장면도 물론 아름답겠지만 그것을 담고 있는 자신의 반짝이는 눈동자를 본다면 아마 그 장면 못지않게 아름다운 모습이라 생각할 것이다.

찰칵이는 소리로 가득한 세상에서 때로는 장면이 아닌 장면을 바라보는 나 자신과 마주하는 순간이 늘어나기를 바란다.

찰칵이는 시선

ⓒ 이시경, 2023

| 초판 1쇄 | 2023년 12월 09일 |
| 2쇄 | 2024년 06월 30일 |

지은이	이시경
전자우편	8reen6lue@naver.com
인스타그램	@8reen6lue

발행처	인디펍
발행인	민승원
출판등록	2019년 01월 28일 제2019-8호
전자우편	cs@indiepub.kr
대표전화	070-8848-8004
팩스	0303-3444-7982

| ISBN | 979-11-6756451-1 (03810) |